DIARIO DE MEDITACIÓN PERSONAL

"Señor, mi alma tiene sed de ti."

TOMMY TENNEY

Publicado por
Editorial Unilit
Miami, Fl. 33172

Primera Edición 2000

Traducido al español por: Andrés Muñoz Johnstone

Citas bíblicas tomadas de la Santa Biblia, revisión 1960
© Sociedades Bíblicas en América Latina

Producto 497534
ISBN 0-7899-0559-0
Impreso en Colombia
Pinted in Colombia

Pensamientos de un compañero buscador de Dios

Las páginas de los diarios de los exploradores permiten al lector viajar en su imaginación con ellos a lugares poco frecuentados. Esas mismas páginas se convierten en un mapa para aquellas personas que actualmente quieren redescubrir los caminos de las aventuras pioneras. Esas personas no se contentan con visitar mentalmente los lugares distantes; quieren conocerlos de primera mano.

El hecho de leer páginas escritas por "pioneros de su presencia" ha alimentado el fuego de mi propia pasión por la búsqueda de su presencia desde que era joven. Nunca olvidaré la primera vez que leí el libro *Why Revival Tarries* (*Por qué tarda el avivamiento*) de Leonard Ravenhill. Todavía recuerdo cómo era la cubierta del libro, y puedo citar páginas enteras que absorbió mi mente de 16 años. Recuerdo cómo deseaba conocer a Dios de la misma forma que Ravenhill y Tozer lo conocían.

A medida que crecí descubrí otros "pioneros", y quedé asombrado al encontrar una larga lista de ellos que se remontaba hasta los días del apóstol Pablo. Tal vez él fue el primer modelo neotestamentario que nos fue entregado. Por su búsqueda en el Espíritu de lo que perdió en la carne nos mostró el camino y nos dijo "que lo siguiéramos como él seguía a Cristo" (ver 1 Cor. 11:1). Pablo no fraternizó con Jesús cuando Él estaba en la tierra como sí lo hicieron los discípulos. Tampoco han tenido esa oportunidad las generaciones de buscadores de Dios que le han seguido. Pero nada desalentó su apasionada búsqueda por la presencia de Dios. Las palabras de Pablo se han convertido en el mantra para aquellos que lloran por la presencia manifiesta de su Señor. "Lo que quiero es conocer a Cristo" (ver Fil. 3:10).

Un predecesor de Pablo fue Moisés y su demanda por ver la "gloria". Muchas veces he anhelado unírmele en la hendidura de la roca mientras Dios pasaba a corta distancia.

"Muéstrame tu gloria" ha sido la oración de los buscadores de Dios por siglos. Sus relatos acerca de la búsqueda, usualmente eran parte de sus propios diarios. Algunos de los relatos de la Sagrada Escritura nacieron de esta forma. Seguramente hay varios nombres nuevos que he incluido aquí para que usted se familiarice más con sus "caminos a su presencia". También he descubierto algunos nuevos caminos por mí mismo. Este diario contiene algunas nuevas percepciones que nunca antes he publicado. Usted encontrará que hay muchos caminos hacia Él, ya sea un camino contemplativo y tranquilo o uno lleno de confrontaciones e intrépido.

Muchas personas están contentas con dejar que otros empujen el sobre de la experiencia espiritual. Tal vez lean más tarde los reportes de estos exploradores espirituales y hagan una visita mental a través de sus ojos y oídos. Si lo anterior lo describe a usted, entonces este libro solamente tendrá un valor parcial. Pero si anhela que su presencia se convierta en una realidad para usted, entonces utilizará este libro y los escritos de estos "buscadores de Dios" como su mapa de caminos personal que lo llevará hacia Dios. Hemos dejado un espacio para que deje huellas con el propósito que usted mismo y otros puedan regresar y retomar los caminos que usted tomó.

Hay regiones inexploradas en las "alturas y profundidades" de Cristo. Justo cuando usted cree que lo conoce, descubrirá otro aspecto antes escondido de su majestuosidad sin límite. Entonces yo lo animo a que "corra" y "escriba". Corra hacia Él, y escriba acerca de Él.

Corriendo y escribiendo,
Tommy Tenney

Pequeñas guías
para su ayuda

E l propósito de este diario es introducirlo a una nueva forma de enriquecimiento espiritual. No será suficiente con simplemente leer las citas individuales, escribir unas palabras, y luego continuar con la siguiente página. El autor y los editores quieren animarlo a meditar en oración esas poderosas verdades. A medida que usted lo haga, este diario se convertirá en un recurso que le ayudará a avanzar a nuevos niveles de intimidad con el Señor Jesús y le capacitará para ascender a esos nuevos niveles.

Para conocer su presencia

Es nuestro deseo que este diario le ayude a vivir en la presencia del Señor todos los días. No tiene como intención simplemente añadir nuevas verdades a un saco que ya está lleno más bien, es nuestro deseo que le traiga a un lugar de nuevas experiencias con Dios.

Pero requerirá que usted invierta un tiempo para meditar en las verdades de cada cita individual, sintiéndolas en su corazón, contemplándolas en su significado espiritual, aplicándolas a su vida, y esencialmente permitiendo que esas citas le guíen a un tranquilo lugar de oración y comunión con nuestro Amante Divino, el Señor Jesús.

Comience su viaje

Pocos de nosotros tenemos la oportunidad de una tranquila meditación y una contemplación personal todos los días. Por lo tanto, las páginas no están fechadas. Es importante que usted utilice este diario cuando tenga tiempo de entregarse a sí mismo a la oración y a la meditación. No le ayudará si simplemente hace de esta experiencia parte del régimen diario de sus deberes religiosos.

Cuando tenga el tiempo para permitir que el Espíritu Santo se mueva en su corazón y le hable, encontrará el más grande impacto en su viaje.

Para comenzar el viaje, es imperativo que usted encuentre un lugar tranquilo donde pueda estar a solas con su diario, su Biblia, y su Señor. Lea cada cita varias veces, asegurándose de capturar la esencia del pensamiento del autor. No se contente con un vistazo superficial antes de seguir rápidamente a la siguiente cita. Permita que el Espíritu Santo entre en el proceso de su pensamiento y traiga una nueva visión. Permita que las palabras se conviertan en una oración que se forma en sus labios.

Ciertamente la práctica de la oración contemplativa es un arte perdido en nuestra sociedad occidental. Estamos acostumbrados a tener nuestra comida espiritual reunida, preparada, cocinada, y enviada a nuestra mesa por nuestro predicador favorito del día. Este diario le brinda la aportunidad de romper esa rutina.

Tal vez usted quiera conversar con sus amigos acerca de la cita y escuchar sus pensamientos y reacciones. ¿Qué tal si memoriza la cita para que pueda pensar en ella durante el día?

Regrese a esas palabras varias veces. No se conforme con una sola mirada. A menudo, días después, un nuevo significado y aplicación vendrán a usted.

Aquí hay algunas preguntas que le ayudarán a guiarse en su búsqueda:

1. ¿Cuál es el enfoque e intención principal de las palabras del autor?

2. ¿Cómo aplico este concepto a mi vida?

3. ¿Qué versos bíblicos me guiarán a una aplicación más profunda de esta verdad?

4. ¿Qué circunstancias he pasado que enriquecen el significado de esta afirmación?

5. ¿Hay áreas particulares en mi vida que necesitan ajustarse para que pueda avanzar a un nuevo nivel de experimentar el poder de esta verdad?

6. ¿Qué me impide ahora mismo experimentar la realidad de estas poderosas verdades?

7. ¿Cómo puedo convertir las verdades de esta cita en una oración personal para el Señor?

Quizás un buen punto destacado para comenzar serían las palabras que Francisco de Sales escribió en su Introducción a una Vida Devota:

"Un hombre ciego cuando está en la presencia de su príncipe mantendrá una actitud reverencial al decirle que el rey está presente, aunque incapaz de verlo; pero de forma práctica, lo que el hombre no ve fácilmente lo olvida, y rápidamente cae en negligencia e irreverencia. Así mismo, hijo mío, nosotros no vemos a nuestro Dios, y aunque la fe nos advierte que está presente, no contemplándolo con nuestros ojos mortales, somos demasiado propensos a olvidarnos de Él, y actuar como si estuviera lejos: Entonces, conociendo perfectamente que Él está en todas partes, si no pensamos en eso, es como si no lo supiéramos. Y por lo tanto, antes de comenzar a orar, es necesario levantar el alma a un firme recuerdo y meditación acerca de la presencia de Dios. Eso quiso decir David cuando exclamó, 'Si subiere a los cielos, allí estás tú; Y si en el Seol hiciere mi estrado, allí tú estás!'[Sal. 139:8] Y de la misma manera Jacob, que al contemplar la escalera que iba al cielo, clamó diciendo, 'Ciertamente Jehová está en este lugar, y yo no lo sabía' [Gén. 28:16] dando a entender que no había meditado en eso; puesto que seguramente no podía fracasar en saber que Dios estaba en todas partes y en todas las cosas. Por lo tanto, cuando se prepara para orar, usted debe decir con todo su corazón, 'verdaderamente Dios está aquí'" (70).

*E**l arrepentimiento nos prepara para la presencia del Señor.* De hecho usted no puede vivir en su presencia sin arrepentimiento.

Las buenas cosas han llegado a ser enemigas de las cosas mejores. Yo lo desafío y lo pongo en libertad en el preciso momento en que lee estas palabras para que permita que su corazón sea quebrantado por el Espíritu Santo. Es tiempo de que viva una vida santa. Renuncie a mirar lo que solía mirar; a leer lo que acostumbraba leer, si a esto le estaba dando más importancia que a la lectura de la Palabra del Señor. Él debe ser la causa y el objeto de sus ansias.

(En la búsqueda de Dios 32)

Día

Fecha

Hora

Lugar

*H*ay mucho más de Dios disponible para nosotros de lo que
podemos saber o imaginar, pero
hemos estado tan contentos con el
lugar donde estamos y con las cosas
que tenemos que no nos *esforzamos*
por obtener lo mejor de Dios. Sí, Dios
se está moviendo en medio nuestro
y está obrando en nuestras vidas,
¡pero nos hemos contentado con
recoger las migajas en la alfombra en vez de tener las abundantes
porciones de pan que Dios ha preparado para nosotros en los
hornos celestiales! Él ha preparado una gran mesa con su presencia
en el día de hoy, y está llamando a la iglesia: "Vengan y coman".

(En la búsqueda de Dios 41)

_____
Día

_____
Fecha

_____
Hora

_____
Lugar

*D*ios está en todas partes, pero Él no muestra su rostro ni su favor en todas partes. Es por eso que Él nos dice que busquemos su rostro. Sí, Él está presente con usted cada vez que se reúne con otros creyentes en un servicio de adoración, pero, ¿cuánto hace que su hambre de Dios le hizo buscar el abrigo de su regazo y como un niño alcanzar su rostro y lograr que Él se volviera hacia usted? ¡Intimidad con Él! Eso es lo que Dios desea de nosotros, y su rostro debe ser nuestro máximo objetivo.

(En la búsqueda de Dios 58)

Día

Fecha

Hora

Lugar

Todos debemos estar dispuestos a trabajar para el Señor, pero es un asunto de gracia en la jurisdicción de Dios. Yo soy de la opinión que no debemos preocuparnos acerca de trabajar para el Señor, hasta que hayamos aprendido el significado y el gozo de adorarlo a Él. Un adorador puede trabajar con una calidad eterna en su trabajo. Pero un trabajador que no adora simplemente está amontonando madera, heno y rastrojo para el tiempo cuando Dios prenda fuego al mundo.

_____
Día

_____
Fecha

_____
Hora

_____
Lugar

(A. W. Tozer, Worship and Entertainment, 16)

Aiden Wilson Tozer nació el 21 de abril de 1897 en una pequeña finca en las espinosas cumbres del oeste de Pensilvania. En unos pocos años, Tozer, como prefería ser llamado, se ganaría la reputación y el título de "profeta del siglo XX."

Cuando tenía 15 años de edad, la familia Tozer se mudó a Akron, Ohio. Una tarde cuando caminaba de regreso de su trabajo en Goodyear, escuchó por casualidad a un predicador en la calle decir, "Si usted no sabe cómo salvarse... simplemente llame a Dios. Cuando llegó a su casa, subió las angostas escaleras que conducían al ático donde recordando el consejo del predicador, se lanzó en la búsqueda de Dios que duraría toda su vida.

La fortaleza de Tozer era su vida de oración, por lo cual, a menudo se le hallaba caminando por los pasillos de la Iglesia o acostado boca abajo en el piso. Él escribió: "Como ora un hombre, así es él." Para él, la adoración de Dios

era lo supremo en su vida y ministerio. "Sus predicaciones al igual que sus escritos solamente eran extensiones de su vida de oración," nos comenta el biógrafo de Tozer, James L. Snyder. En una biografía anterior se escribió: "él pasó más tiempo de rodillas que sentado en su escritorio."

En un pequeño cementerio en Akron, Ohio, su tumba tiene este simple epitafio: "Un hombre de Dios".

Algunos se preguntan por qué los escritos de Tozer son tan vívidos hoy como lo fueron cuando los escribió. Como lo comentó su amigo, es porque "él dejó lo superficial, lo obvio y lo trivial para otros entretenerse en ello.... Sus libros llegan a lo profundo del corazón."

Por casi 50 años, Tozer caminó con Dios. Aunque se ha ido, continúa hablando, ministrando a aquellos ansiosos de una experiencia con Dios. Como lo dijo alguien: "Este hombre hace que usted quiera saber y sentir a Dios."

El libro de Tozer, *The Pursuit of God*, siempre ha sido uno de mis favoritos.

Si logramos tener hambre de Él, entonces nos puede hacer santos. Entonces Él puede juntar de nuevo todas las piezas rotas de nuestra vida. Pero nuestra hambre es la clave. Entonces cuando se encuentre escarbando en busca de sobras en la alfombra, en la Casa del Pan, debería orar: "Señor, suscita en mí un hambre ardiente por ti."

(En la búsqueda de Dios 53)

Día
_____

Fecha
_____

Hora
_____

Lugar
_____

R etírese del mundo cada día a un lugar privado, aunque sólo sea a la alcoba (por un tiempo me retiraba al cuarto de calefacción esperando algún día encontrar un lugar mejor). Permanezca en el lugar secreto hasta que los ruidos circundantes empiecen a desaparecer de su corazón y un sentido de la presencia de Dios lo envuelva. Deliberadamente deseche los sonidos desagradables y decida no escucharlos. Escuche la Voz interior hasta que aprenda a reconocerla.

Día

Fecha

Hora

Lugar

(A. W. Tozer, Worship and Entertainment, 45)

"**S**i usted busca su rostro, lo que obtendrá es su favor." La Iglesia ha disfrutado de la omnipresencia de Dios, pero se pueden experimentar momentos de visitación por medio de *su presencia manifiesta*. Esto hace que los pelos se pongan de punta. Pone a correr las fuerzas demoniacas. ¡Pero induce a que los buscadores de Dios corran hacia... Él!

(Tommy Tenney)

Día
_____

Fecha
_____

Hora
_____

Lugar
_____

Q uiero descubrir hacia dónde va para poder ubicarme en el lugar donde se va a manifestar. Hay un ejercicio de soberanía de Dios en su elección de los lugares. *Nadie en el mundo puede, prendiendo un fósforo, hacer arder las zarzas.* Sólo Dios puede hacerlo. Nuestra parte consiste en caminar por el desierto hasta encontrar la zarza, y luego recordar quitarnos los zapatos porque hemos tropezado con tierra santa.

Día

Fecha

Hora

Lugar

(En la búsqueda de Dios 78-79)

D ios está buscando a alguien que esté dispuesto a atarse un cordel en su tobillo y a decir: "Si perezco, que perezca, pero yo voy a ver al Rey. Quiero hacer todo lo que pueda para entrar detrás del velo. Voy a cubrirme con la sangre, voy a arrepentirme, haré todo lo que pueda porque estoy cansado de conocer acerca de Dios. *Yo quiero conocerlo a Él. Debo ver su rostro.*"

(En la búsqueda de Dios 86)

Día

Fecha

Hora

Lugar

*E*ntonces el pueblo estuvo a lo lejos, y Moisés se acercó a la oscuridad en la cual estaba Dios. (Éxodo 20:21).

La gente vio los relámpagos y escucharon los truenos—y retrocedieron encogidos de miedo. En vez de buscar su gloria, huyeron de Él. Entonces el resultado de su huida de la intimidad santa fue que murieron sin conocer la tierra prometida. Como diría mi amigo David Ravenhill, "Bebieron del río pero murieron en el desierto." Ellos escogieron el respeto distante por encima de una relación íntima.

(Tommy Tenney)

_____
Día

_____
Fecha

_____
Hora

_____
Lugar

J ehová miró desde los cielos sobre los hijos de los hombres, para ver si había algún entendido, que buscara a Dios (Salmo 14:2).

En repetidas oportunidades buscamos una "palabra" acerca de nosotros en una frase profética. ¿Qué tan seguido buscamos una "palabra" acerca de Él en una frase de "Su presencia"? Hay personas en medio de nosotros que pueden revelar los secretos del corazón de los hombres. ¿Dónde están aquellos en medio de nosotros que pueden revelar los secretos del corazón de Dios? ¿Hay algún entendido que busque a Dios?

(Tommy Tenney)

Día

Fecha

Hora

Lugar

Mi alma está apegada a ti; tu diestra me ha sostenido (Salmo 63:8). "María tenía un corderito, cuya lana era blanca como la nieve... y adondequiera que ella iba el corderito iba también." Así sucedió hasta que el cordero dijo: "Debo ocuparme de los negocios de mi Padre." Ahora María debe seguir al Cordero. "Estos son los que siguen al Cordero" (Apocalipsis 14:4). Nuestra pasión debe ser seguirlo a Él. Me uno con el salmista: "Mi alma está apegada a ti, oh Dios." Yo confieso, soy un *buscador de Dios*.

(Tommy Tenney)

Día

Fecha

Hora

Lugar

M oisés respondió: *Si tu presencia no ha de acompañarnos, no nos saques de aquí* (Éxodo 33:15).

"¡Si tú no vas, yo no voy!" Suena conocido, ¿cierto? "Adonde tú vas, yo voy." ¿Le suena familiar? Es el lema de hombres y mujeres con una misión: la búsqueda de su presencia. "Señor, si tú no vas, no esperes que yo vaya. Me quedo contigo. Sólo soy feliz en tu presencia." Que este buscador de Dios se convierta en un "atrapador" de Dios.

(Tommy Tenney)

Día

Fecha

Hora

Lugar

Sé que hay más porque existen personas que han encontrado el "más" y fueron cambiadas para siempre —¡Los buscadores de Dios! Yo oro: "¡Señor, quiero verte como Juan te vio! ¡Quiero conocerte como Pablo te conoció!"

(Tommy Tenney)

Día

Fecha

Hora

Lugar

E l truco o la estratagema más exitosa de Satanás es hacernos correr hacia metas falsas. El diablo trabaja incansablemente para detenernos tras un corto recorrido y decir: "¡Lo logramos!" Se deleita cuando nos ve caer o cuando ve que nos salimos del camino, para darnos cuenta en el momento final que la meta está todavía más adelante. El apóstol Pablo sabía de qué estaba hablando cuando dijo: "...olvidando ciertamente lo que queda atrás, y extendiéndome a lo que está delante, prosigo a la meta..." (Vea Filipenses 3:13-14)

(En la búsqueda de Dios 100-101)

Día

Fecha

Hora

Lugar

Y *si mi pueblo, que lleva mi nombre, se humilla y ora, y me busca...* (2 Crónicas 7:14, NVI).

Existe un paso más allá de la oración, es el lugar donde buscamos su rostro, no sólo sus manos, ni únicamente sus bendiciones y beneficios, pero buscarlo a Él y a su rostro. Por demasiado tiempo hemos querido que Él deslice su mano por debajo del velo y nos dé nuestra mesada, mientras Él anhela que nosotros entremos, le contemplemos y le adoremos. Si usted obtiene su rostro, obtiene su favor. Sus manos bendicen donde fluye su favor.

(Tommy Tenney)

Día

Fecha

Hora

Lugar

R ecuerde, no hay magia en la fe
o en los nombres. Usted puede
mencionar el nombre de Jesús miles
de veces, pero si no tiene la naturaleza de Jesús, el nombre de Jesús no
significará nada para usted. Nosotros
no podemos adorar a Dios y vivir en
nuestra propia naturaleza. Cuando la
naturaleza de Dios y nuestra naturaleza empiezan a armonizar, es que el
poder del nombre de Dios empieza a operar en nosotros.

_____
Día

_____
Fecha

_____
Hora

_____
Lugar

(A.W. Tozer, Worship and Entertainment, 7-8)

Jesús dice: "Entrégame todo... no he venido para atormentar tu naturaleza carnal sino para matarla. Ninguna medida incompleta es buena. No quiero cortar una rama aquí y otra rama allá, quiero derribar todo el árbol."

Día

Fecha

Hora

Lugar

Y el primer trabajo cada mañana consiste simplemente en hacer retroceder todos tus deseos y esperanzas; en escuchar esa otra voz, tomando el otro punto de vista, dejando que esa vida más grande, más fuerte, y más calmada, fluya dentro de usted.

Al comienzo sólo lo podemos hacer por momentos.

(C.S. Lewis, extractos de Mere Christianity)

C.S. **Lewis** será recordado como uno de los pensadores del cristianismo más importantes del siglo XX. Nació en Irlanda en 1900, y la mayor parte de su vida adulta la pasó como profesor de la Universidad Magdalen en Oxford, donde enseñó literatura medieval. En 1931 fue "sorprendido por un gozo" (según la propia descripción de Lewis acerca de su conversión). Brillante erudito y escritor, utilizó sus talentos para llegar a miles a través de la palabra escrita y hablada.

Él y un grupo de amigos (incluyendo a J.R.R. Tolkien, autor de *Lord of the Rings*) se reunían semanalmente para compartir sus escritos. Durante aquellos años Lewis produjo su más famoso trabajo, *The screwtape Letters*. A principios de la década de los cuarenta dictó varias charlas acerca de temas cristianos en la radio británica. Su fama creció a través de Gran Bretaña y se expandió a Estados Unidos. De esas charlas surgió el libro *Mere Christianity*, una obra penetrante de apologética cristiana. Innumerables cristianos señalan este libro como una parte esencial del crecimiento de su fe. Si se tienen en cuenta las ventas como indicadores de popularidad, entonces C.S. Lewis (aun 30 años después de su muerte) es uno de los pensadores cristianos más populares del siglo XX. Citas de C.S. Lewis me han inspirado. Han sido "luces" en el camino de la búsqueda de Dios.

El mayor peligro [para los que comienzan en la vida espiritual] será el estar satisfechos con su trabajo religioso y consigo mismo.

Preferirán enseñar que ser enseñados.

Sus corazones crecen unidos a los sentimientos obtenidos de su vida devocional. Se enfocan en las consecuencias y no en la substancia de la devoción.

(San Juan de la Cruz, extractos de The Dark Night of the Soul)

Día

_____

Fecha

_____

Hora

_____

Lugar

_____

Nacido en Fantiveros, Castilla, España. **Juan** se convirtió en un monje Carmelita en 1564. Estudió filosofía y teología en la universidad Carmelita en Salamanca, una de las universidades líderes en Europa. En 1567, el año en que fue ordenado, conoció a Teresa de Ávila. Ella vio un gran potencial en Juan y lo puso a cargo de la orden; admiraba su riguroso estilo de vida y habilidad de liderazgo. No fue decepcionada, Juan estableció varias nuevas órdenes religiosas.

Durante este periodo fue nombrado "Juan de la Cruz", como resultado de su sufrimiento y entrega. Pasó el resto de su vida sirviendo en la Reforma Católica a través de su liderazgo y muchos escritos. Finalmente fue arrestado y puesto en confinamiento por aquellos que se opusieron a la reforma. En el confinamiento escribió su trabajo más famoso, *The Dark Night of the Soul (La*

Noche Oscura del Alma). Esta obra describe la obra de Dios en el alma — no a través del gozo y la luz, sino a través de la aflicción y la oscuridad. El concepto de "noche oscura" se ha convertido en una parte integral para comprender el viaje espiritual. Aunque murió hace cuatro siglos, Juan de la Cruz continúa ejerciendo una influencia significativa en la espiritualidad cristiana.

Yo diría que Juan de la Cruz iluminó "la noche oscura del alma" y la hizo comprensible. En tiempos de gran aflicción en mi vida, ha traído entendimiento a ella. No me gustaría volver a pasar por esos momentos... pero no cambiaría por nada lo que he aprendido. Pregúntele a Daniel acerca del foso de los leones... o a los tres hebreos acerca del horno de fuego. Enfrentar esas experiencias fue una noche oscura. Pero, durante esas noches, ellos lo "atraparon" a Él.

...**U**n alma que se adentra en la oración, posiblemente experimentará profundas tentaciones y se encontrará sin poder para prevenirlas... Esto sucede debido a una de tres causas.

La primera causa es el placer físico que toma el cuerpo en las cosas espirituales.

La segunda causa es el diablo.

La tercera causa es un excesivo temor de las cosas impuras. Cuando el alma entra en la noche oscura, todas estas cosas son puestas bajo control. La carne se aquietará, el diablo será silenciado, y el temor disminuirá, todo por el hecho de que Dios quita todos los placeres sensoriales, y en ausencia de éstos el alma se purifica.

Cuando el deleite llega a un fin, estas personas se encuentran muy ansiosas y frustadas de la misma forma que un niño se enfurece cuando es quitado del pecho de su madre.

(San Juan de la Cruz, extractos de The Dark Night of the Soul)

Día

Fecha

Hora

Lugar

Dios se interpone entre mi yo y yo mismo. Él me separa de mí mismo; Él desea estar más cerca de mí por su genuino amor, que yo de mí mismo. Él me haría ver este "yo" como un extraño; me haría escapar de sus paredes, sacrificarlo todo, regresándoselo absoluta e incondicionalmente a Él, de quien lo recibí.

(Fénelon Spiritual Progress)

———————————————
Día

———————————————
Fecha

———————————————
Hora

———————————————
Lugar

———————————————
———————————————
———————————————
———————————————
———————————————
———————————————
———————————————
———————————————
———————————————
———————————————
———————————————

Francois de Salignac de la Mothe Fénelon era un prominente miembro de la corte de Luis XIV, sirviendo como tutor del Duque de Bergundy. Era un hombre tenido en alta estima dentro de la Iglesia, fue nombrado arzobispo de Cambrai en 1695. Durante este tiempo se hizo conocido de Madame Guyon y fue grandemente influido por ella y otros del movimiento Quietista de Francia. (El Quietismo enfatizaba la importancia de la total separación de las cosas del mundo.)

La defensa del Quietismo por parte de Fénelon (en su obra Maxims of the Saints) creó una controversia que finalmente llevó al Papa Inocencio XII a acusarlo de "haber amado demasiado a Dios, y muy poco al hombre." ¡Vaya acusación!

Su piedad probablemente hizo sentir culpables a aquellos que estaban a su alrededor. Fue despedido por Luis XIV y recibió el nombramiento a una iglesia local donde adquirió la reputación de ser un pastor ideal. Es obvio que él amaba a las personas por la forma en que exitosamente pastoreó la Iglesia. La religión, la política, y la búsqueda de Dios usualmente no mezclan.

Fénelon mantenía correspondencia con muchas prominentes figuras de sus días, sirviendo como su director espiritual. Sus cartas fueron recopiladas y publicadas para la edificación de otros. El tema principal de sus escritos es el total amor a Dios.

Dios, quiere desgarrar el alma para perfeccionarla, y proseguirá sin piedad hasta llevarla a un amor más puro, hace que el alma se pruebe a sí misma y no la deja descansar hasta que haya quitado todo atavismo y sostenimiento de su amor propio e independencia de su amor.

(Fénelon, Christian Perfection, 149)

Día

Fecha

Hora

Lugar

N o es con una conciencia dudosa, sino con una ciertamente segura que te amo, oh Señor, Tú has golpeado mi corazón con tu Palabra, y Te he amado. Y al observar los cielos y la tierra, y todo lo que en ellos hay, me dicen que te ame, y no cesan de decir esto a todos los hombres: "para que no tengan excusa."

(San Agustín, Confesiones, Capítulo VI, 8.330)

Día

Fecha

Hora

Lugar

S an Agustín, el obispo de Hipona, fue el gran doctor de la Iglesia en latín. Nació en el norte de Africa en el año 354, hijo de un padre pagano y de una madre devotamente religiosa. Fue criado como cristiano y a los 16 años viajó a Cartago para completar su educación en leyes. En el año 375 se interesó en la filosofía y abandonó su herencia cristiana. Como hábil orador, le fue ofrecida una cátedra en Roma, donde fundó su propia escuela de retórica.

Allí recibió la influencia de la filosofía de Platón y de las enseñanzas de San Ambrosio. Después de una larga lucha interior, renunció a sus primeras creencias filosóficas y abrazó la fe cristiana. Entonces regresó a Africa donde formó una comunidad religiosa. En el año 391 fue ordenado cura (en contra de su voluntad) cuando los Vándalos comenzaron la invasión de Hipona.

Durante 34 años vivió en una comunidad monástica. Escribió un vasto número de libros y se hizo conocido por su elocuencia, lógica, y pasión espiritual. Estas características se combinaron para hacer de San Agustín uno de los más significativos pensadores de la historia de la iglesia cristiana. Tal vez nadie más, excepto Pablo, ha sido tan ampliamente leído por tanto tiempo. Su percepción teológica moldeó no únicamente el tiempo en el cual vivió, sino también todos los siglos subsiguientes de la era cristiana. Es difícil encontrar un teólogo (en cualquier época) que no haya sido influido por las enseñanzas de San Agustín.

San Agustín no permitió que la lógica estorbara su apasionada búsqueda de Dios. Todo lo contrario, lo ayudó. Pueda ser que su ejemplo le ayude a usted.

En ninguna parte de la Biblia encontramos que el altar es "el lugar de bendición." Un altar existe sólo para un fin. Pregúntele al corderito que fue llevado al altar... les dirá que no es el lugar de bendición sino de muerte. [El arrepentimiento es nuestro altar; es el lugar donde la carne muere para que el espíritu pueda vivir.] Pero si podemos abrazar esa muerte, entonces quizás podamos ver el rostro de Dios.

(En la búsqueda de Dios p. 78)

Día

Fecha

Hora

Lugar

*E*l fuego no cae en altares vacíos. Tiene que haber un sacrificio en el altar para que el fuego caiga. Si usted desea el fuego de Dios, debe convertirse en el combustible de Dios. El Señor Jesús se sacrificó a sí mismo para obtener nuestra redención. Pero ¿cuál es su llamado para cada persona que le sigue? Negarse a sí mismo, tomar su cruz y seguirlo (ver Lc. 9:23).

(En la búsqueda de Dios p. 90)

Día

Fecha

Hora

Lugar

Necesitamos aprender a tratar las cosas santas de Dios con mayor ternura y sensibilidad. Debemos recordar que "lo bueno" puede convertirse rápidamente en el peor enemigo de "lo mejor". Si usted quiere lo mejor de Dios, tendrá que sacrificar lo que piensa que es bueno y aceptable. Si usted y yo podemos descubrir lo que es aceptable para Él, "lo mejor", entonces la promesa de la visitación se convierte en realidad.

_____
Día

_____
Fecha

_____
Hora

_____
Lugar

(En la búsqueda de Dios 114)

_____

_____

_____

_____

_____

_____

_____

_____

_____

_____

_____

_____

_____

_____

Hermanos, cuando finalmente tenemos nuestro encuentro con Dios, tiene que ser a solas en la profundidad de nuestro ser. Aunque estuviéramos rodeados de una multitud, estaremos solos, Dios debe borrar la marca anterior y poner su marca con el hierro candente en cada uno de la manada. No es algo que Dios pueda hacer por nosotros en conjunto.

(A.W.Tozer, *The Tozer Pulpit*, Libro 8, 81, citado en *Worship and Entertainment*, 33)

Día

Fecha

Hora

Lugar

D ios le está llamando a un nivel más alto de compromiso. Olvídese de los planes que ha hecho para sí mismo y ofrézcase en el altar de Dios y deje que su ego muera allí. [La muerte de la carne es el sello de aprobación en el pasaporte hacia su presencia.] Ore, "Señor, ¿qué quieres que yo haga?" Es tiempo de dejar todo a un lado y de cubrirse con la

_____
Día

_____
Fecha

_____
Hora

_____
Lugar

sangre del Señor. Nada vivo puede permanecer en su presencia. Pero si usted muere, Él lo hará vivir de nuevo. Así que todo lo que debe hacer es morir a sí mismo si quiere entrar realmente en su presencia. Cuando el apóstol Pablo escribió: "Os aseguro hermanos... que cada día muero", lo que quiso decir fue: "Cada día entro en la presencia de Dios" (Ver 1ª de Corintios 15:31b). ¡Corra hacia dentro, no huya!

(En la búsqueda de Dios 110)

N o existe un atajo para tener un avivamiento o para lograr una manifestación de su presencia. La gloria de Dios únicamente viene cuando el quebrantamiento y el arrepentimiento lo llevan a postrarse de rodillas, porque su presencia requiere pureza. Solamente los muertos ven el rostro de Dios. No podemos esperar que otros se arrepientan en forma profunda y sincera, si usted y yo no estamos dispuestos a caminar continuamente en ese grado de arrepentimiento.

Día

Fecha

Hora

Lugar

El mundo está cansado de oír sermones populares predicados en pomposas iglesias detrás de elevados púlpitos. ¿Qué derecho tenemos para decirles a los demás que se arrepientan cuando existen problemas tan evidentes en nuestra propia casa? La hipocresía nunca ha estado de moda en la iglesia de Dios, pero nosotros la hemos convertido en la principal atracción en "nuestra" versión de la iglesia. Lo que necesitamos hacer es limpiar y confesar, "Sí, tenemos algunos problemas. Sí, yo también tengo algunos problemas. Pero me arrepiento de mis pecados ahora mismo. ¿Hay alguien que quisiera unirse conmigo en arrepentimiento?".

(En la búsqueda de Dios 154)

Notó usted que Jesús no quebró el vaso de alabastro de María? Ella misma tuvo que hacerlo. Si usted quiere tener ese tipo de encuentro con Dios, entonces tendrá que "quebrarse" a sí mismo. El nivel más alto de adoración proviene del quebrantamiento, y no existen atajos ni fórmulas mágicas que le ayuden a "alcanzar la cima." Nadie lo puede hacer por usted; es algo que únicamente usted puede hacer. Pero si lo hace, Dios se detendrá con el único propósito de pasar un tiempo a solas con usted.

(En la búsqueda de Dios 172)

Día

Fecha

Hora

Lugar

D e la misma forma en que Cristo nació en un establo y lo acunaron en un pesebre, el nacimiento de Cristo en el hombre se lleva a cabo en medio de los animales. El recién nacido Salvador es puesto en una cuna en medio del buey de la voluntad del hombre y el asno de la ignorancia, en el establo de la condición animal en el hombre;

Día

_____

Fecha

_____

Hora

_____

Lugar

_____

y desde allí el rey del orgullo (como Herodes), encuentra su reino amenazado, y busca matar al niño, quien ha de convertirse en el gobernador de la "Nueva Jerusalén" en el hombre.

(Jacob Boeme, The Image of the Heavenly)

J acob Boeme, "siervo escogido de Dios," nació el Alt Seidenburg, Alemania, en 1575. Juan Wesley requirió que todos sus predicadores estudiaran los escritos de Jacob Boeme; y el estudioso teólogo inglés, William Law, dijo de él: "Jacob no fue el mensajero de algo nuevo en la religión, sino que el misterio de todo lo antiguo y verdadero en la religión y en la naturaleza, le fue revelado a él. — La profundidad de las riquezas, tanto la sabiduría como el conocimiento de Dios."

Nacido de padres pobres pero piadosos luteranos, desde la niñez, Jacob Boeme, estaba preocupado de la "salvación de su alma." Aunque al principio trabajó como pastor y luego como zapatero, siempre fue un fervoroso estudioso de las Sagradas Escrituras; pero no podía entender "los caminos del Señor. " Así que se convirtió en una persona "confusa, y aun melancólica, — agobiado en gran manera."Dijo:

"Conocía la Biblia de principio a fin pero no podía encontrar consolación en las Sagradas Escrituras; y mi espíritu, como moviéndose hacia una gran tormenta, despertó en Dios, llevando consigo todo mi corazón, mente y voluntad, y luché con el amor y la misericordia de Dios, que su bendición descendiera sobre mí, que mi mente fuese, iluminada con su Santo Espíritu, que entendiese Su voluntad y me deshiciere de mi aflicción...".

"Siempre había meditado sobre cómo heredar el Reino de los cielos; pero encontraba en mí una fuerte oposición, en los deseos que pertenecen a la carne y a la sangre, comencé a batallar en contra de mi corrupta naturaleza; y con la ayuda de Dios, decidí derrotar la voluntad maligna.

heredada,... la rompí y entré completamente en el amor de Dios en Cristo Jesús. Busqué el corazón de Jesucristo, el centro de toda verdad; y resolví considerarme muerto en mi forma heredada, hasta que el Espíritu de Dios tomara forma en mí, para que en Él y a través de Él, pudiera conducir mi vida."

"Me mantuve en esta decisión, peleando una batalla conmigo mismo, hasta que la luz del Espíritu, una luz completamente extraña para mi naturaleza rebelde, empezó a atravesar las nubes. Entonces, después de una lucha sin cuartel con los poderes de la oscuridad, mi espíritu surgió a través de las puertas del infierno, y penetró a la esencia más íntima de su recién nacida divinidad donde fue recibida con gran gozo, como el novio que le da la bienvenida a su novia amada."

"No hay palabras para expresar el gran gozo y triunfo que experimenté, como el de la vida sobre la muerte, ¡como una resurrección de entre los muertos! Cuando estaba en este estado, mientras caminaba a través de un campo de flores, en quince minutos, observé el misterio de la creación, el original de este mundo y de todas sus criaturas... Por siete días estuve en un continuo estado de éxtasis, rodeado por la luz del Espíritu, el cual me sumergió en contemplación y gozo. Aprendí lo que es Dios y lo que es Su voluntad... no sé cómo me sucedió esto, pero mi corazón admiró y alabó al Señor por lo que había hecho."

Jacob Boeme era un verdadero buscador de Dios, y finalmente fue atrapado por lo que perseguía. No se contentó con conocer acerca de Dios; él llegó a *conocer* a Dios.

S u quebrantamiento produce una agradable fragancia para Dios. Él recoge cada lágrima que fluye de sus ojos y rueda por sus mejillas. La Biblia nos dice que Dios tiene una redoma donde guarda cada lágrima que usted ha derramado (ver Sal. 56:8). Él lo ama, así que vaya a su lugar secreto de oración y saque el "vaso de alabastro" de la unción que usted ha estado guardando para un momento como este. Rómpalo a sus pies y diga: "Señor, te amo por encima de todas las cosas. Renuncio a todo lo demás; e iré a cualquier lado. Sólo te deseo a ti, Señor."

(En la búsqueda de Dios 164)

Día

Fecha

Hora

Lugar

E l avestruz nunca vuela, — la gallina se levanta con dificultad pero solamente logra un breve y extraño vuelo, pero el águila, la paloma,—y la golondrina continuamente utilizan sus alas y se elevan en el cielo; de la misma forma el pecador nunca alza vuelo hacia Dios, porque todos sus movimientos son terrenales y limitados a la tierra.

Día	
Fecha	
Hora	
Lugar	

Personas de buena voluntad, que todavía no han logrado una verdadera devoción, intentan una forma de volar por medio de sus propias acciones, pero es un vuelo extraño, lento, y pesado; mientras que las personas realmente devotas se levantan hacia Dios frecuentemente, y con un rápido movimiento de alas logran remontarse a grandes alturas.

(Francisco de Sales, Introduction to a Devout Life, 3)

F rancisco de Sales nació en una familia de nobles en el castillo de Sales, y luego asistió a un colegio Jesuita en París. Los Jesuitas lo instruyeron en lo clásico, hebreo, griego, y en una vida de disciplina. Su entrenamiento también incluyó el estudio de leyes y humanidades. Fue ordenado como cura en 1591, a pesar de la oposición de su familia. En 1602 fue nombrado obispo de Ginebra.

Francisco era un prolífico escritor y sus trabajos tuvieron una gran influencia en la iglesia. Combinó el crecimiento espiritual con la preocupación ética de una forma que pocos escritores, antes y después de él, han logrado. Era un maestro de la metáfora, describiendo los misterios de la vida espiritual a través de simples imágenes diarias, como las abejas, los pájaros, y el azúcar. Debido a su considerable influencia, Francisco es considerado uno de los "doctores de la iglesia Occidental."

A menudo utilizo las historias de mis hijas como de Sales lo hizo con la naturaleza que le rodeaba para comunicar verdades profundas. Buscar a Dios es muy sencillo, no lo compliquemos. Es simple, ¡pero apasionante!

D ichoso el hombre que se entrega a Dios! Dichosos aquellos que se lanzan con la cabeza inclinada y los ojos cerrados a los brazos del "Padre de las misericordias", y el "Dios de toda consolación"...

Solamente hay un camino para amar a Dios, ese camino es no dar un solo paso sin Él, y seguirlo con un corazón valiente dondequiera que Él nos guíe.

(Fénelon, Christian Perfection, 65,67-68)

Día

Fecha

Hora

Lugar

L a verdadera religión es siempre algo poderoso; y su poder es evidente, en primer lugar, en la práctica de la religión en el corazón, donde está su trono principal y donde se origina.

De vez en cuando, la religión se compara en esos ejercicios que los hombres acostumbran realizar para ejercitar su corazón, fortalecerse y también establecer disciplinas... todo aquel que tiene el poder de la santidad en su corazón, su motivación y su corazón están dirigidos hacia Dios y las cosas divinas con tal fuerza y vigor que estos ejercicios santos prevalecen en él sobre toda influencia carnal o natural...

(Jonathan Edwards, Religious Affections)

_____
Día

_____
Fecha

_____
Hora

_____
Lugar

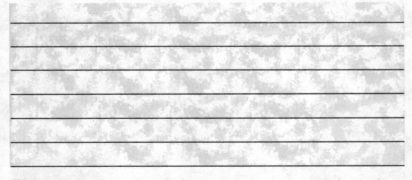

J onathan Edwards fue un pastor Congregacional y una figura clave del "gran avivamiento" en el siglo XVIII. Es considerado uno de los teólogos más grandes de norteamérica. Nacido en Connecticut y educado en Yale, ministró por 23 años en una iglesia en northampton, Massachusetts. Más tarde se convirtió en misionero a la India en Stockbridge. En 1758 fue nombrado presidente de la Universidad Princeton, pero falleció pocas semanas después de tomar posesión.

Edwards produjo una teología de espiritualidad cristiana para su época que mezcló la filosofía de Lockean y su teología Calvinista. Su principal preocupación era la pregunta: "¿Cómo distinguimos la presencia del Espíritu Santo?" La experiencia Cristiana, según Edwards, es un regalo de Dios, pero él pasó toda su vida trabajando en las maneras en que se puede definir esa experiencia. Uno de los temas centrales de sus escritos (evidenciado en los siguientes textos) es la importancia de los "sentimientos" religiosos, los cuales él definió como las pasiones que mueven la voluntad hacia el acto.

Probablemente el estudio de la vida de Jonathan Edwards me afectó más que sus escritos. A comienzos de mi ministerio prediqué su famoso sermón "Pecadores en las manos de un Dios airado." Pero mi predicación de lo que él escribió no tuvo el mismo efecto en mí o en oyentes. Conocer a aquel de quien él escribió y predicó tuvo un efecto increíble. Deseo que podamos tener otro "Gran Despertar" conociendo al "Gran Despertador" de Edwards.

M uchas almas se vuelven adictas a la dulzura espiritual de una vida devocional y se esfuerzan por obtener cada vez más.

Usualmente las personas que se las dan de espirituales, no se contentan con escuchar acerca del crecimiento espiritual de otros.

Tales almas se fatigan con los ejercicios espirituales porque no ofrecen consolación alguna....

Ningún alma crecerá en la vida espiritual, a menos que Dios trabaje pasivamente en ella por medio de la noche oscura.

(San Juan de la Cruz, extractos de The Dark Night of the Soul)

Los gigantes espirituales del pasado eran hombres que en algún momento tuvieron un encuentro con la Presencia real de Dios y se mantuvieron conscientes de ello por el resto de sus vidas. Tal vez el primer encuentro haya sido uno de terror, como cuando el *"horror de la gran oscuridad"* cayó sobre Abram, o como cuando Moisés escondió su rostro, al estar ante la zarza, porque tenía temor de poner su mirada sobre Dios. Usualmente este temor pierde su contenido de terror y se convierte en un temor reverente, para luego nivelarse en un sentido de reverencia de completa cercanía a Dios. El punto esencial es: Ellos experimentaron a Dios.

(A. W. Tozer, The Divine Conquest 26-27, citado en Worship and Entertainment, 55)

Día

Fecha

Hora

Lugar

S in importar qué más abarca, la verdadera experiencia cristiana siempre debe incluir un encuentro genuino con Dios. Sin esto, la religión es simplemente una sombra, un reflejo de la realidad, una copia barata de un original que alguien disfrutó alguna vez y de quien lo hemos escuchado. No puede haber una peor tragedia en la vida que la de un hombre que vive en la iglesia desde la niñez hasta la edad avanzada, con nada más real que un dios sintético compuesto de teología y lógica, pero sin ojos para ver, sin oídos para escuchar y sin corazón para amar.

(A.W. Tozer, The Divine Conquest 26, citado en Worship and Entertainment, 56)

Día

Fecha

Hora

Lugar

Entonces, en el comienzo el hombre ama a Dios, no por amor a Dios, sino por su propio bien... pero cuando las tribulaciones aparecen una y otra vez, lo obligan a volverse a Dios por ayuda segura, ¿puede un corazón tan duro como hierro, tan frío como el mármol, ser ablandado por la bondad de nuestro Salvador, para que él pueda amar a Dios con todo su corazón?... Por lo tanto, al darnos cuenta de Su bondad, ésta nos impulsa a amar a Dios desinteresadamente, sin embargo, algo más que nuestras necesidades nos llevan a amarlo por interés.

Día

Fecha

Hora

Lugar

(Bernardo de Clairvaux, On Loving God, Capítulo IX)

Bernardo fue uno de los grandes líderes en la historia de la Iglesia. Era un elocuente orador y considerado como uno de los hombres más santos que ha vivido. Creció en Dijon, Francia, y a los 22 años entró como novicio en el monasterio de Citeaux. Tres años más tarde fue escogido para supervisar a un grupo de sus compañeros monjes en el recién fundado monasterio Clairvaux.

Aunque se le ofrecieron altas posiciones en la Iglesia, Bernardo permaneció en Clairvaux hasta su muerte.

Gracias a la cuidadosa preservación por siglos, muchos de los escritos de Bernardo han sobrevivido hasta hoy. Sus trabajos tuvieron una gran influencia tanto en Martín Lutero como en Juan Calvino. Es obvio que a Bernardo le importó más la opinión del Cielo que la opinión de la Tierra. Señor, ¡haznos así!

E ntonces nuestro Señor abrió mis ojos espirituales y se mostró a mi corazón. Vi el alma tan grande como si fuera un mundo sin fin, e igual a un reino feliz. Y por las condiciones que vi allí, entendí que es una ciudad venerable. En medio de esa ciudad está sentado nuestro Señor Jesús, Dios y Hombre, persona justa de gran estatura, supremo Obispo, majestuoso

Día

Fecha

Hora

Lugar

Rey, adorable Señor ; y lo observé vestido de forma majestuosa. Y venerablemente Él se sienta en el Alma, sin igual en paz y descanso. Y la Trinidad gobierna y sostiene el cielo y la tierra y todo lo que es —soberano poder, soberana sabiduría y bondad soberana —[pero] el lugar que Jesús toma en nuestra alma, él nunca la abandonará, es eterna, según lo entendido…

(Juliana of Norwich, Revelations of Divine Love, 168)

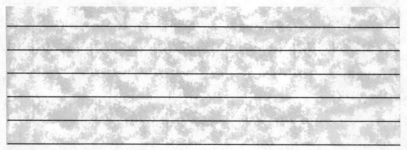

Juliana es la más popular de los místicos ingleses. Vivió como monja Benedictina en la ciudad de Norwich, al lado de la Iglesia de San Julián, de donde probablemente tomó su nombre. Se conoce poco de la vida de Juliana, aunque es mencionada por su contemporánea, Margery Kempe.

El libro de Juliana, Revelaciones del Amor Divino, le dio el título de ser la primera gran escritora femenina de habla inglesa. A pesar de sus detractores que la acusaron de ser torpe en su forma de escribir, lo hizo en una prosa viva y en un estilo único. Estaba bien preparada bíblicamente, al igual que en las enseñanzas de la Iglesia.

Su teología se basa en sus experiencias místicas. Se enfermó gravemente a los 30 años, y en medio de su sufrimiento, oró por una visión de la pasión de Cristo. En una ocasión, en medio de su tiempo de adoración, Juliana escuchó estas palabras: "Yo soy el fundamento de tus oraciones." Estas palabras

Influyeron grandemente en su vida espiritual. Siempre señaló la bondad y el amor de Dios, una luz en los tiempos de oscuridad para Juliana, quien vivió en una época de desasosiego social y de temor por la Peste Negra.

El gozo es tal vez la nota principal de sus escritos. Fue la autora del famoso dicho: "Todo está bien y todo estará bien, y todas las cosas estarán bien." Sus escritos han sido llamados: "El más perfecto fruto de los últimos años de la época medieval en Inglaterra."

Si el tener una experiencia "mística" lo descalifica a usted, entonces Pablo/Saulo estaría descalificado. Los encuentros con Dios dentro de los parámetros y límites de Su palabra escrita, han sido siempre lo que los verdaderos buscadores buscan. Pablo compara su teología obtenida de forma "mística" con la de Pedro, y no se "diferencia ni una pizca." Busque a Dios y confirme lo que usted encuentra en Su palabra.

Yo amo a los que me aman, y me hallan los que temprano me buscan (Proverbios 8:17).

Su perdón es para todos; Su amor fluye hacia aquellos que lo aman. Uno no puede amarlo a Él, sin ser amado por Él. Esta es la promesa para los buscadores de Dios: Búsquenlo diligentemente y lo "asirán" ¡Corre, hijo, corre!

(Tommy Tenney)

Día

Fecha

Hora

Lugar

Queremos que Dios cambie al mundo. Pero Él no puede cambiar al mundo hasta que no nos cambie a nosotros. En nuestro estado presente, no estamos en capacidad de afectar algo. Pero si nosotros nos sometemos al Gran Alfarero, Él nos transformará —a todos nosotros— en lo que quiere que seamos. Tal vez reconstruya la vasija de nuestra carne muchas veces, pero si nos sometemos a la mano del Alfarero, Él nos puede convertir en vasijas de honor, poder y vida. Después de todo, ¿no fue Él quien convirtió a unos pescadores incultos en transformadores del mundo y recolectores de impuestos odiados en predicadores intrépidos? *¡Si Él lo hizo una vez, lo puede hacer de nuevo!*

(En la búsqueda de Dios 131)

S egún la primera Ley del Movimiento, todo cuerpo permanece en su estado de reposo o movimiento uniforme rectilíneo, a menos que sea obligado por fuerzas externas a cambiar de estado. Esta es también la primera ley del cristianismo. El carácter de todo hombre permanece como está, o continúa en la dirección que va, hasta

_____ Día

_____ Fecha

_____ Hora

_____ Lugar

que es obligado por *fuerzas externas* a cambiar de estado. Nuestro fracaso consiste en no interponernos en el camino de la fuerza externa. Existe la arcilla, y existe el Alfarero; hemos intentado hacer que le arcilla moldee la arcilla.

(Henry Drummond,
The Greatest Thing in the World and Other Addresses)

Henry Drummond (1851-1897), profesor en la Universidad de Edimburgo en Escocia, tenía un amor innato y un interés ampliamente desarrollado por las ciencias naturales y la religión. Se esforzó en compartir con otros las pequeñas revelaciones de un panorama más amplio y los destellos de una mirada interior profunda que alegraron e iluminaron su propio sendero solitario. De todos los libros que han sido escritos acerca del amor, tal vez ninguno ha sido de tanta influencia e inspiración como *The Greatest Thing in the World*. Basado en el capítulo trece de primera de Corintios, este clásico mensaje ha dirigido a millones de personas al camino de la verdadera felicidad. La belleza sencilla y las verdades positivas de este dinámico sermón animará a los lectores a practicar el poder y la bendición del supremo regalo de Dios a la humanidad: el amor.

Recibí por primera vez una pequeña copia de este libro cuando tenía 16 años. Sus palabras me impactaron de tal forma que aún hoy en día puedo citar a Henry Drummond.

É l no nos frustrará. Dios permitirá ser alcanzado por nosotros. Como el padre que juega con su hijo y deja que su amoroso y sonriente niño lo atrape, así también nuestro Padre Celestial permitará que lo atrapemos. De hecho, justo cuando usted se sienta cansado y sin esperanzas, Él se dará vuelta y lo atrapará. Él quiere ser "capturado"

Día	
Fecha	
Hora	
Lugar	

por nuestro amor. Ansioso espera el encuentro cariñoso y pletórico de satisfacción. Desde el huerto del Edén ha perdido esos bellos momentos de intimidad con el hombre. Los que procuran con ahínco la presencia del Señor han sabido esto intuitivamente: *Ellos estaban dispuestos a alcanzar lo "inalcanzable," sabiendo que lo "imposible" finalmente los alcanzaría.* En efecto, alguien famoso que procuró con ahínco la presencia de Dios, escribió lo siguiente:

*"...**Prosigo por ver si logro asir** aquello para lo cual fui también asido por Cristo Jesús,"* (Filipenses 3:12b).

(En la búsqueda de Dios 189-190)

P*ero cuando se conviertan al Señor, el velo se quitará* (2 Corintios 3:16)

Día
Fecha
Hora
Lugar

Uno puede darle la espalda al pecado sin volver al Señor. El resultado es simplemente una "buena" persona. Aquel que no sólo le da la espalda al pecado, sino que también se vuelve en una total dependencia hacia el Señor, se convierte en una persona de Dios. El velo es removido cuando usted se vuelve hacia la persona de Jesús. Cuando usted camina en la ceguedad de la letra de la ley, un encuentro con la Persona de la ley abrirá los ojos de su corazón. Pregúntele a Pablo de Tarso acerca de Saulo de Tarso.

(Tommy Tenney)

"**U**sted no puede llegar allá desde aquí." Así me han dicho. Entonces debo construir un camino, una autopista, ¡un camino de arrepentimiento! ¡Entonces puedo "llegar allá"! ¿Dónde es allá? En Su presencia...

Día

Fecha

Hora

Lugar

Isaías lo dijo y Juan el Bautista lo repitió: "Voz que clama en el desierto; preparad camino a Jehová; enderezad calzada en la soledad a nuestro Dios" (Is. 40:3). Construya el camino de arrepentimiento y obtendrá la "Autopista del Rey" —un callejón de su presencia para usted.

(Tommy Tenney)

Dios no quiere que nos apartemos de su gloria para que podamos construir monumentos compasivos a una revelación momentánea por la cual nunca pagamos con nuestras lágrimas. *La salvación es un regalo gratuito, pero la gloria de Dios nos costará todo.* Él quiere que avancemos y vivamos en su perpetua habitación de gloria. Él quiere que estemos tan saturados de su presencia y gloria, que llevemos su presencia con nosotros adondequiera que vayamos en esta vida. Tal vez esta sea la única forma en que la inenarrable gloria de Dios encontrará su camino hacia los centros comerciales, salones de belleza, y los supermercados de nuestra nación.

(En la búsqueda de Dios 189)

Día

Fecha

Hora

Lugar

No podemos esperar que los perdidos y los que sufren corran a nuestro "río" y descubran que escasamente hay para ellos un solo sorbo del vaso de Dios. Les hemos dicho: "Dios realmente está aquí; hay alimento en la mesa", pero cada vez que han creído nuestro informe, se han visto abligados a agacharse sobre la alfombra a recoger sólo migajas del prometido banquete. *Nuestro pasado es más poderoso que nuestro presente.*

Día

Fecha

Hora

Lugar

(En la búsqueda de Dios 50)

Dios está cansado de gritar instrucciones a la Iglesia; Él quiere guiarnos con su sola mirada [ver Sal. 32:8]. Eso significa que tenemos que estar lo suficientemente cerca de Él para ver su rostro. Él está cansado de corregirnos mediante la censura pública. Por mucho tiempo hemos buscado sus manos. Deseamos lo que puede hacer por nosotros; anhelamos sus bendiciones; queremos las emociones, los panes y los peces. Sin embargo, eludimos el elevado compromiso que implica buscar su rostro.

(En la búsqueda de Dios 69)

Día

Fecha

Hora

Lugar

La sirvienta de la Iglesia hoy en día es la reunión de oración. Esta doncella del Señor no es amada ni cortejada, porque no se derrite con las perlas del intelectualismo, ni con las sedas glamorosas de la filosofía; tampoco es encantadora con la tiara de la filosofía. ¡Ella tiene puesta la vestimenta hecha en casa de la sinceridad y la humildad, y no tiene miedo de arrodillarse!

(Leonard Ravenhill, Why Revival Tarries)

Día

_____

Fecha

_____

Hora

_____

Lugar

_____

_____

_____

_____

_____

_____

_____

_____

_____

_____

_____

_____

Leonardo Ravenhill fue predicador y autor de muchos libros que son un llamado a la conciencia, incluyendo el clásico, *Why Revival Tarries*. Fue uno de los evangelistas sobresalientes de Inglaterra.

También fue un hombre que tenía gran intimidad con su Dios. En ocasiones su forma de ecribir es sarcástica y con frecuencia severa. Pero nunca fue severo arbitrariamente. Su severidad provenía de la natural convicción que traen las palabras. Sin duda, son escritos que provienen del trono.

El hermano Len, fue a estar con el Señor el fin de semana de Acción de Gracias de 1994.

La cita en este diario quedó grabada en .ni memoria desde que tenía 16 años. Él inició la llama de la pasión en mi corazón con palabras como estas: "Necesitamos más personas que agonicen delante de Dios."

De mis conocidos, Leonard fue el que más me impactó con sus palabras. ¡Que sus palabras enciendan una llama en tu corazón!

E s necesario que usted se olvide de quien está a su alrededor y abandone el "protocolo normal". De todas formas, Dios está redefiniendo lo que nosotros llamamos "iglesia". Él busca personas conforme a su corazón. *Él quiere una iglesia integrada por personas como David, que buscan su corazón* (no sólo su mano). (Ver Hechos 13:22.) Usted puede procurar Sus bendiciones, y jugar con sus juguetes, o también puede decirle: "No papito, yo no quiero las bendiciones, te quiero a ti. Quiero tenerte más cerca de mí. Quiero que tú toques mis ojos y mis oídos; quiero que toques mi corazón y me cambies Señor. Estoy cansado de mí, de mi forma de ser, porque si yo puedo cambiar, *entonces las ciudades también podrán cambiar.*"

Día

Fecha

Hora

Lugar

(En la búsqueda de Dios 89)

Quizas su situación es igual a la mía hoy. He asistido a demasiados cultos en las iglesias sin la presencia del arca. He soportado demasiados coros sin vida y sin poder. ¡Estoy cansado aun de mi propio ministerio! He predicado demasiados sermones que a lo mejor tenían unción pero que no nos llevaron a la presencia misma de Aquel a quien todos anhelamos. Tal vez lo hacía de la mejor forma que sabía, pero me limité resignado a olfatear débilmene su fragancia, a obtener una mera insinuación de lo inmensurable, lo mejor y lo más poderoso.

(En la búsqueda de Dios 116)

_____
Día

_____
Fecha

_____
Hora

_____
Lugar

_____
_____
_____
_____
_____
_____
_____
_____
_____
_____
_____
_____
_____
_____

Dios derribó a Uza instantáneamente y detuvo en su ruta el desfile de David. *Dios irrumpió fuera de su cofre y desbarató los planes del hombre* aquel día. Le tomaría a David tres meses recobrarse, arrepentirse, investigar, y regresar por la gloria de Dios. Lo mismo ocurre en el día de hoy cuando tenemos un encuentro con

Día	
Fecha	
Hora	
Lugar	

la manifiesta gloria del Señor. Con demasiada frecuencia extendemos nuestras manos en carnal soberbia para detener a Dios, a quien hemos mantenido confinado en un cofre para evitar que se salga de nuestro humano y maltrecho programa ministerial o tradición. No debería sorprendernos cuando la gloria de Dios rompe el cajón de nuestras doctrinas o de nuestras tradiciones y nos da una buena sacudida. Siempre muere algo cuando la gloria de Dios se encuentra con la carne.

(En la búsqueda de Dios 122)

El Señor sabe que hemos intentado facilitar el camino para que las personas lleguen a Dios a través de un avivamiento sin dolor y sin precio alguno. Pero lo único con lo que nos lastimábamos era con unas bases de salvación baratas que a duras penas duraban una semana. ¿Por qué? Porque lo único que le dábamos a las personas era un encuentro emocional con el hombre, cuando lo que verdaderamente necesitaban era un encuentro mortal con la gloria y la presencia de Dios mismo.

(En la búsqueda de Dios 149)

_____
Día

_____
Fecha

_____
Hora

_____
Lugar

C reo que todos nos sorprenderíamos de la cantidad de personas que comenzarían a arrastrarse fuera de la sociedad corrupta, cuando vean el arrepentimiento de la iglesia! Una vez más regresamos a nuestro problema más serio, no tenemos el pan de la presencia de Dios. Nuestras iglesias viven llenas de "pródigos de profesión", quienes aman más las cosas del Padre, que a su Padre mismo. Venimos al comedor familiar, no para buscar más de nuestro Padre, sino para persuadirlo de que nos dé todas las cosas que hay en Su casa y que Él nos ha prometido que son legalmente nuestras. Abrimos el Libro y se nos moja la boca diciendo: "Yo quiero todos los regalos, quiero la mejor porción, la plenitud de la bendición; quiero tener todo lo que me pertenece." ¡Irónicamente fue la bendición del Padre la que realmente "financió" el viaje del hijo pródigo, lejos del rostro de su padre! Y fue la nueva revelación de su pobreza la que impulsó al hijo a volver a los brazos de su Padre.

(En la búsqueda de Dios 155)

Día

Fecha

Hora

Lugar

Muchos santos modernos emplean gran cantidad de tiempo en busca de atajos para llegar a la gloria de Dios. *Queremos obtener la ganancia sin dolor.* Queremos avivamiento en nuestras ciudades, pero no queremos oír que alguien nos diga que el avivamiento sólo llega cuando la gente tiene hambre de Dios, cuando "intercesores vicarios" se arrepienten de pecados que nunca han cometido en nombre de personas que nunca han conocido. Pablo dijo: "porque deseara yo mismo ser anatema, separado de Cristo, por amor de mis hermanos, los que son mis parientes según la carne" (Ro. 9:3).

(En la búsqueda de Dios)

Día

Fecha

Hora

Lugar

U sted debe aprender a amar la cruz, Aquel que no ama la cruz, no ama las cosas de su Padre. (Mateo 16:23.) Es imposible para usted amar verdaderamente al Señor sin amar la cruz. El creyente que ama la cruz encuentra que aun las cosas más amargas que se atraviesan en su camino son dulces. La Escritura dice: "Para el hambriento, todo lo amargo es dulce." (Proverbios 27:7)

Día	
Fecha	
Hora	
Lugar	

He aquí un verdadero principio espiritual que el Señor no negará: Dios nos da la cruz, y luego la cruz nos da a Dios.

(Madame Jeanne Guyon, Experiencing the Depths of Jesus Christ, 38)

M adame Jeanne Guyon nació en Montargis, Francia. Cuando tenía solamente 15 años, se casó con un hombre inválido de 38 años de edad. Infeliz en su matrimonio, buscó la felicidad en su vida devocional. Durante un año vivió en un convento bajo una orden real y luego fue encarcelada en Vincennes y la Bastilla debido a su creencia religiosa. Pasó casi 25 años de su vida en confinamiento. Muchos de sus libros fueron escritos durante este periodo.

La gran contribución a la literatura devocional de Madame Guyon consiste en escritos que obligan al lector a moverse a una vida de experiencia con Cristo Jesús. *Experiencing the Depths of Jesus Christ* (a veces titulado *A Short and Easy Method of prayer)* ha tenido una influencia: Watchman Nee se encargó de hacerlo traducir al Chino y que estuviera disponible para todo recién convertido; Francois Fénelon, John Wesley, y Hudson Taylor, lo recomendaron seriamente para los cristianos de sus días.

Este libro ha tenido un poderoso impacto personal en mi vida.

N os atreveremos a acercarnos a Su gloria? En realidad Dios quiso que los hijos de Israel subieran al monte y recibieran junto con Moisés los Diez Mandamientos directamente de Él. Pero huyeron de la presencia de Dios. La Iglesia se encuentra en peligro de hacer lo mismo hoy en día. Podemos arriesgarnos a que algo muera en nosotros cuando nos atrevemos a acercarnos a Su gloria, o podemos dar vuelta y regresar a nuestras tradiciones humanas, y a la seguridad de nuestro legalismo religioso, y a los servicios operados por hombres.

_____
Día

_____
Fecha

_____
Hora

_____
Lugar

¡Buscar a Dios está bien, andar en el Espíritu es fuego!
(En la búsqueda de Dios 188)

C uando la unción de Dios reposa sobre la naturaleza humana, hace fluir lo mejor. Uno de los cuadros más claros que encontramos en la Biblia en cuanto a la unción y su propósito, está en el libro de Ester. Cuando Ester se preparaba para su presentación ante el rey de Persia, se le sometió a un año de purificación, durante el cual fue repetidas veces bañada con una unción fragante y perfumada (utilizando irónicamente los mismos ingredientes presentes en la adoraración de los hebreos: incienso y aceite de unción). *¡Un año de preparación para una noche con el rey!* Un beneficio lógico de todos estos baños con perfumes era que cada hombre que se le acercara, dijera o pensara: "¡Qué fragancia... qué aroma... qué bien hueles!" Sin embargo, Ester no les daba importancia por la misma razón que usted y yo jamás permitiríamos que la opinión y aprobación de los demás nos distrajera:

El propósito de la unción no es lograr la simpatía humana, sino la del Rey.

(En la búsqueda de Dios 62)

Día

Fecha

Hora

Lugar

T engo un fuerte presentimiento que Dios está por romper todo eso para preguntarnos: "Ahora bien, ¿Quién me ama? ¿Quién me quiere?" ¡Es hora de buscar el Avivador en vez del avivamiento!

Dios está cansado de tener *relaciones de larga distancia con sus hijos.* Se cansó de ellas hace miles de años, en los días de Moisés, y lo tienen cansado en el día de hoy. En realidad Él anhela tener encuentros cercanos, relaciones íntimas con usted y conmigo. Él quiere invadir nuestros hogares con su presencia permanente, de tal forma que cada visitante sea compungido y comience a llorar y adorar en el momento en que cruce nuestra puerta.

(En la búsqueda de Dios 103)

Día

Fecha

Hora

Lugar

D e inmediato supe que mi amado Salvador estaba delante de mí. Me levanté de la roca donde estaba sentado y caí a sus pies. Él sostenía en Sus manos la llave de mi corazón. Con su amor llegó a lo más profundo de mi corazón y lo llenó con su presencia, y adondequiera que miraba, hacia dentro o hacia fuera, lo veía a Él.

Día

Fecha

Hora

Lugar

Entonces supe que el corazón del hombre es el mismo trono y ciudadela de Dios, y que cuando Él entra a morar, el cielo comienza.

(Sadhu Sundar Singh, At the Master's Feet)

S adhu Sundar Singh ha sido llamado el San Pablo de la India. Su conversión a Cristo es una de las grandes historias de la fe. Sundar fue criado en la religión Sikh, por lo tanto estudió intensamente el libro sagrado de su religión, El Gran Sahib, al igual que el libro sagrado de los hindúes, La Gita. Aun de niño su piedad llegó a ser conocida por toda la región.

La madre de Sundar falleció cuando él era un adolescente, y su muerte lo llevó a una abrumadora pena. Injuriaba a Dios y quemaba públicamente las Biblias de los misioneros cristianos de la región.

Finalmente, el desespero de Sundar lo llevó a planear su propia muerte. Durante tres días con sus noches permaneció en su alcoba. "Si Dios quiere que viva, que Él lo diga," exclamaba. "Oh Dios, si hay un Dios, revélate a mí esta noche." Su plan era sencillo y bien pensado: Si Dios no le hablaba antes de la madrugada, él saldría a la línea del ferrocarril, pondría su cabeza en los rieles, y esperaría en la oscuridad al tren de las 5:00 a.m. que venía de Ludhiana para acabar con su miseria. Durante siete horas esperó en una meditación silenciosa. A las 4:45 a.m., testifica Sundar, de repente, una nube brillante llenó su alcoba, y de la luz de la nube apareció el rostro y la figura de Jesús. Sundar estaba esperando a Krishna o a uno de sus dioses, no a Jesús. Sin embargo, estaba convencido de que era Jesús. Él le habló a Sundar en indostaní: "¿Por cuánto tiempo me vas a perseguir? Yo morí por ti. Por ti di mi vida. Estabas orando para conocer el camino correcto; ¿Por qué no lo tomas? Yo soy el camino."

Como resultado de esta visión, la vida de Sundar cambió irrevocable y dramáticamente, y fue guiado a uno de los ministerios más sobresalientes en el siglo XX.

El hambre de Dios guía a encuentros santos. ¡Aviva el fuego con tu hambre!

*L*levad con vosotros palabras de súplica, y volved a Jehová, y decidle: Quita toda iniquidad, y acepta el bien, y te ofreceremos la ofrenda de nuestros labios. (Oseas 14:2)

Día

Fecha

Hora

Lugar

¡Escuche la declaración de Dios! Él no se impresiona con nuestro oro. Él quiere nuestras palabras. Las palabras embelesan su corazón. Las palabras humanas pueden causar que el trono de Dios detenga el sol. Pregúntele a Ezequías. Dios recoge nuestras oraciones y lágrimas. Son las únicas cosas en la tierra que al presente están en el Cielo. Cuando seducimos a Dios con nuestras palabras, nos permite entrar en la "zona del trono." ¡Ore!

(Tommy Tenney)

Tal vez usted se encuentre a unos pocos centímetros espirituales del encuentro de su vida. Si desea ver el rostro de Dios, entonces siga simplemente a María a los pies de Jesús, saque su frasco de alabastro de preciosa alabanza y adoración de sacrificio. Usted ha guardado su tesoro por demasiado tiempo, pero hay Uno aquí que lo vale todo. ¡No guarde nada!

(En la búsqueda de Dios 163)

Día

Fecha

Hora

Lugar

Jesús dijo que esta mujer, que había quebrado su vaso de alabastro para ungirlo para el día de su sepultura, siempre sería recordada en cada lugar del mundo en donde se predique el evangelio. En otras palabras, ella siempre estaría en la mente de Dios. ¿Quiere usted una visitación de parte de Dios? Tendrá que hacer espacio para Él en su vida, no importa la congestión y el desorden que haya en ella en este momento. Esto significa que a veces sus posesiones más preciadas tendrán que romperse para liberar la fragancia que Dios recuerda.

Día

Fecha

Hora

Lugar

(En la búsqueda de Dios 164)

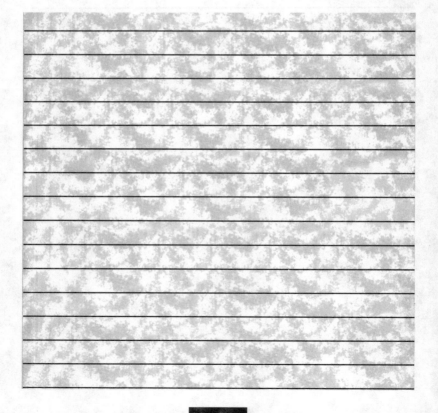

M e pregunto si, ¿cuando María rompió su vaso de alabastro... ella notó que al caer sus lágrimas sobre los sucios pies sin lavar del Señor, formaron una línea de limpieza? ¿Se dio cuenta repentinamente de la falta de respeto que había mostrado para con Jesús...? Yo creo que sí, y eso destrozó su corazón. Parecía que su pesar era comparable en intensidad sólo con sus lágrimas que brotaban como si se hubiera abierto la compuerta de una represa de agua.

_____ Día

_____ Fecha

_____ Hora

_____ Lugar

¡Literalmente María pudo utilizar sus lágrimas para lavar los residuos de excremento animal que se habían adherido a los pies del Señor!

Pero, ¿qué podía utilizar María para limpiar los residuos faltantes...? ...Al no tener nada más en la mano, sin toallas provistas por el sirviente o el amo, María se soltó el cabello y utilizó su gloria [ver 1 Cor. 11:15] para limpiar y secar los pies de Jesús... Ella removió toda evidencia del público rechazo hacia el Señor con su hermoso cabello y lo tomó como propio. ¿Se puede usted imaginar lo que eso significó para el corazón de Dios? [Mientras ella lavaba sus pies, Él limpiaba su reputación.]

(En la búsqueda de Dios 167)

D ios me habló y me dijo: "María desechó su gloria para ministrarme a mí." Si todos los discípulos estuvieron presentes, eso quiere decir que había por lo menos otras doce personas en la casa ese día, y ninguno había logrado agradar al Señor en la medida que ella lo hizo. Los discípulos lo pasaron por alto, aunque eran buenas personas tal como Pedro, Santiago y Juan. Escúcheme querido amigo; ¡usted puede estar ocupado siendo un discípulo y *haciendo el trabajo*, pero *pasar por alto la adoración*! ¿En realidad usted cree que Dios necesita que nosotros *hagamos cosas para Él*? ¿No es Él el creador quien salió al balcón de los cielos y dio forma a los siete mares con la palma de sus manos? ¿No fue Él quien comprimió la tierra para formar las montañas? Entonces, es obvio que Él no necesita que usted haga algo para Él. Lo que desea es su adoración. Jesús le dijo a la mujer samaritana en el pozo: "...los verdaderos adoradores adorarán al Padre en espíritu y en verdad; porque también el *Padre tales adoradores busca que le adoren*." (Jn. 4:23). [Esto es lo que el Padre activamente está buscando: adoradores humildes]

(En la búsqueda de Dios 168)

Día _____

Fecha _____

Hora _____

Lugar _____

Nosotros "ponemos en un pedestal" a las personas a quien Dios ha ungido. Pero, ¿a quién tiene Dios en su memoria? Jesús dice que lo que hizo María "...se contará dondequiera que se predique este evangelio, en todo el mundo... para memoria de ella." (Mt. 26:13). Nosotros apreciamos a los ungidos; ¡Dios aprecia a los "ungidores"! Estas son personas que ven su rostro, derramadores de aceite a sus pies, lavadores con lágrimas, humildes amantes de Él, más que de sus cosas. [Alegremente tomarán el voto de matrimonio: "en la riqueza o en la pobreza," en la abundancia o en la escasez. ¡Ellos están enamorados de Él!]

(En la búsqueda de Dios 169)

Día

Fecha

Hora

Lugar

T odos los trabajos espirituales de Pablo surgieron de experiencias espirituales que forjaron adoradores. A menos que seamos adoradores, simplemente somos ratones religiosos que danzan, moviéndose en círculo sin ir a ningún lado...

Dios quiere a los adoradores primero. Jesús no nos redimió para hacer de nosotros trabajadores, Él nos redimió para hacer de nosotros unos adoradores. Y luego de nuestra ardiente adoración brota nuestro trabajo.

(A. W. Tozer, de un sermón citado en,
Worship and Entertainment 9)

Día

Fecha

Hora

Lugar

Dios susurrará sus secretos profé-
ticos antes que ocurran a los
adoradores que rompen sus vasos de
alabastro y sacrifican su fragante
contenido.

(En la búsqueda de Dios 172)

Día

Fecha

Hora

Lugar

Dios está llamando. La primera vez que Él me reveló esto, temblé y lloré delante de la gente al decirles lo que le estoy diciendo a usted hoy. "Usted está en el Monte Sinaí hoy, y Dios lo está llamando a una relación de intimidad con Él. Si usted se atreve a responder su llamado, entonces esto redefinirá todo cuanto usted ha hecho." La decisión que usted tome hoy determinará si avanza o retrocede en su caminar con el Señor.

Día
Fecha
Hora
Lugar

La intimidad con Dios exige un cierto grado de quebrantamiento, porque la pureza proviene del quebrantamiento. Los juegos se acabaron mi querido amigo. Él lo está llamando.

(En la búsqueda de Dios 109).